Impressum
Verlag: BABADADA GmbH, Nedderfeld 112 , 22529 Hamburg
Geschäftsführer / Verlagsleitung: Harald Hof
Druck: Books on Demand GmbH, In de Tarpen 42, 22848 Norderstedt

Imprint
Publisher: BABADADA GmbH, Nedderfeld 112 , 22529 Hamburg, Germany
Managing Director / Publishing direction: Harald Hof
Print: Books on Demand GmbH, In de Tarpen 42, 22848 Norderstedt, Germany

Šola

школа

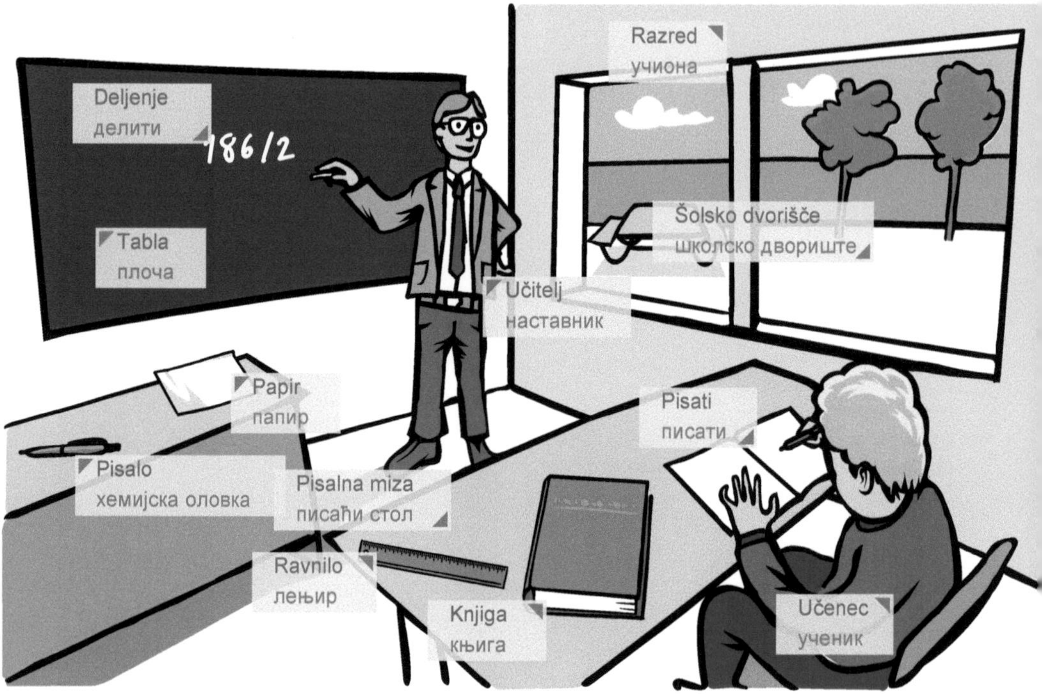

Razred
учиона
Deljenje
делити
186/2
Tabla
плоча
Šolsko dvorišče
школско двориште
Učitelj
наставник
Papir
папир
Pisati
писати
Pisalo
хемијска оловка
Pisalna miza
писаћи стол
Ravnilo
лењир
Knjiga
књига
Učenec
ученик

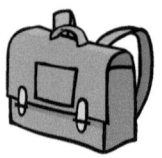

Šolska torba

торба

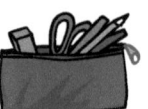

Peresnica

перница

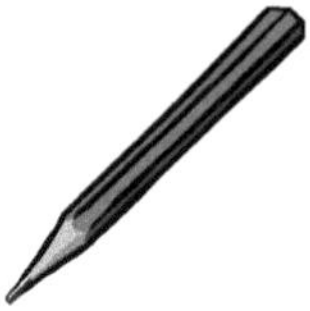

Svinčnik

графитна оловка

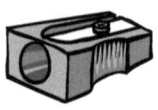

Šilček

шиљило за оловке

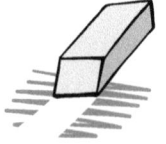

Radirka

гумица за брисање

Risalni blok

блок за цртање

Risba

цртеж

Čopič

кист

Vodene barvice

кутија са бојама

Škarje

маказе

Lepilo

лепило

Zvezek

бележница

Domača naloga

домаћи задатак

Število

број

Seštevanje

сабирати

Odštevanje

одузимати

Množenje

множити

Računanje

рачунати

Črka

слово

Abeceda

абецеда

Beseda

реч

Besedilo

текст

Brati

читати

Kreda

креда

Učna ura

час

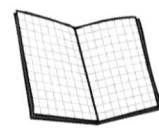

Redovalnica

дневник

Preizkus znanja

испит

Spričevalo

сведочанство

Šolska uniforma

школска униформа

Izobrazba

образовање

Enciklopedija

лексикон

Univerza

универзитет

Mikroskop

микроскоп

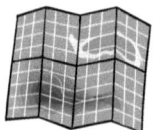

Zemljevid

карта

Koš za smeti

кошара за папир

Potovanje
путовање

Hotel
хотел
Grand
Hostel
преноћиште
ROOMS
Menjalnica
мењачница
Kovček
кофер
Avtomobil
ауто

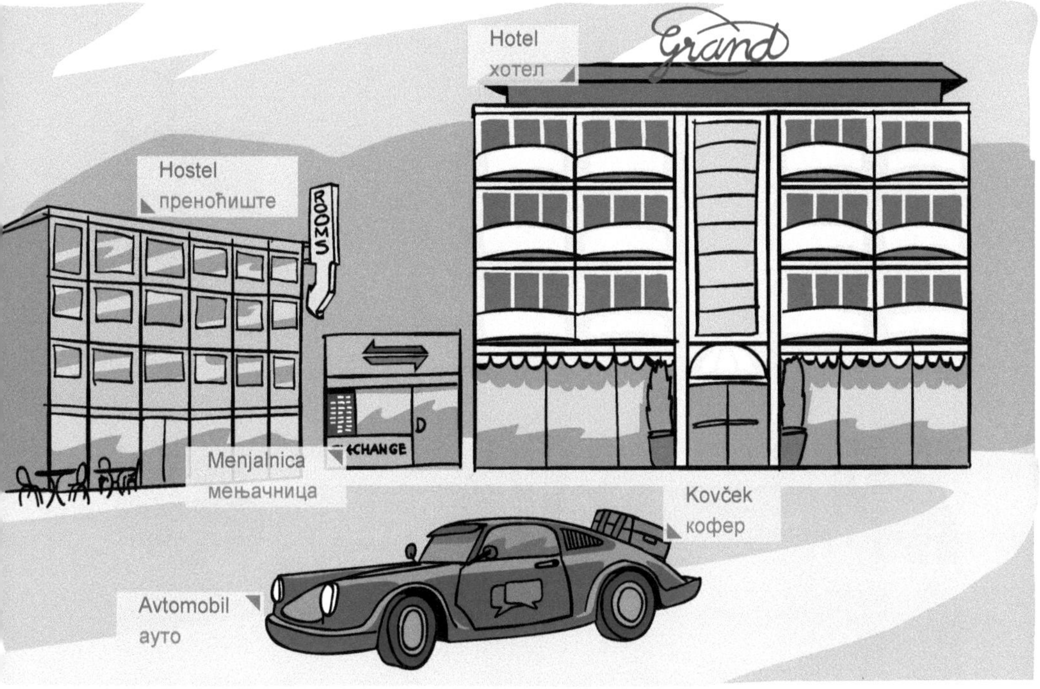

Jezik
језик

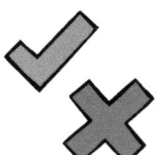

da / ne
да / не

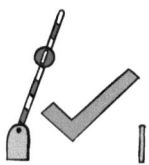

Prav
океј

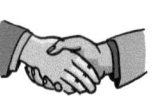

Pozdravljeni
здраво

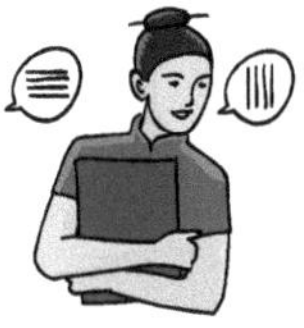

Prevajalec
преводилац

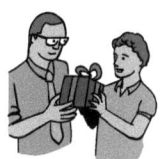

Hvala
хвала

Koliko stane…?

Колико кошта…?

Ne razumem

не разумем

Težava

проблем

Dober večer!

добро вече!

Dobro jutro!

Добро јутро!

Lahko noč!

Лаку ноћ!

Nasvidenje

довиђења

Smer

смер

Prtljaga

пртљага

Torba

торба

Nahrbtnik

руксак

Gost

гост

Soba

соба

Spalna vreča

врећа за спавање

Šotor

шатор

Turistične informacije

туристичке информације

Plaža

плажа

Kreditna kartica

кредитна картица

Zajtrk

доручак

Kosilo

ручак

Večerja

вечера

Vozovnica

карта за вожњу

Dvigalo

лифт

Znamka

поштанска маркица

Meja

граница

Carina

царина

Veleposlaništvo

амбасада

Vizum

виза

Potni list

пасош

Prevoz
транспорт

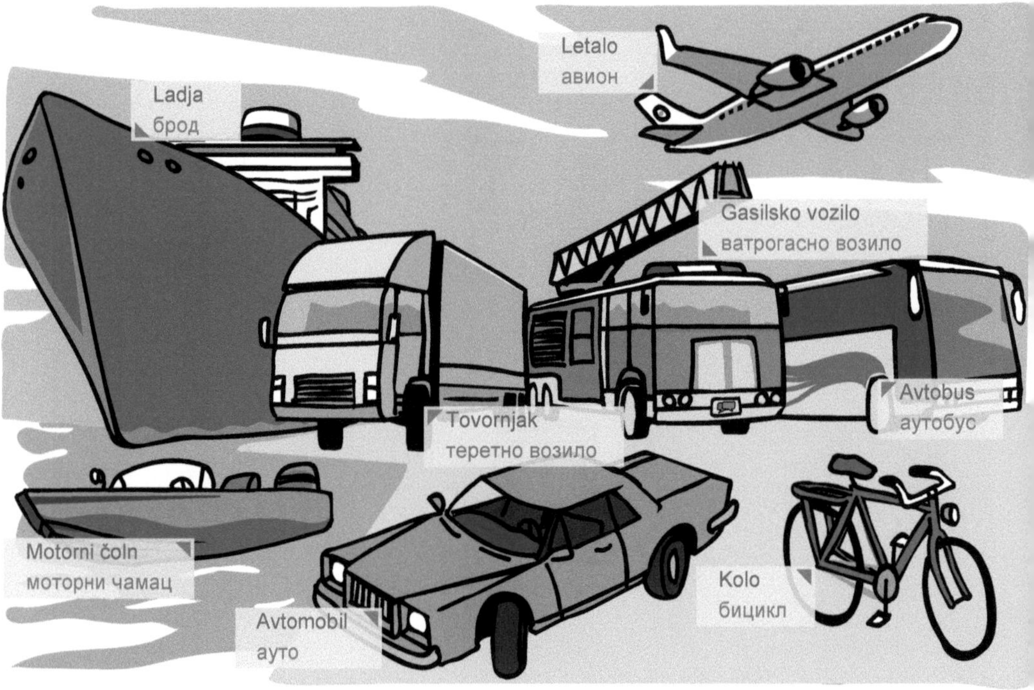
Letalo
авион
Ladja
брод
Gasilsko vozilo
ватрогасно возило
Avtobus
аутобус
Tovornjak
теретно возило
Motorni čoln
моторни чамац
Kolo
бицикл
Avtomobil
ауто

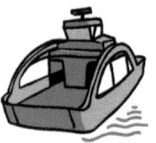

Trajekt

трајект

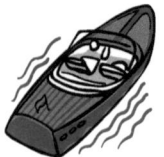

Čoln

чамац

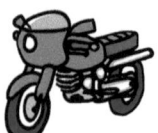

Motorno kolo

мотоцикл

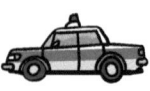

Policijski avto

полицијски ауто

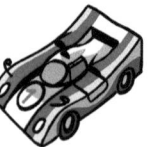

Dirkalni avto

тркаћи ауто

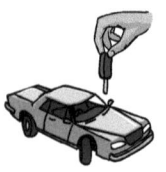

Najeto vozilo

изнајмљено ауто

Souporaba avtomobila

дељење аутомобила

Avtovleka

вучно возило

Smetarsko vozilo

возило за одвоз смећа

Motor

мотор

Gorivo

бензин

Bencinska postaja

бензинска станица

Prometni znak

саобраћајни знак

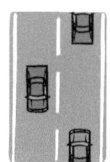

Promet

саобраћај

Zastoj

застој

Parkirišče

паркиралиште

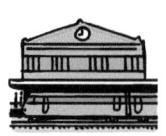

Železniška postaja

железничка станица

Tirnice

шине

Vlak

воз

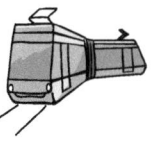

Tramvaj

трамвај

Vagon

вагон

Helikopter

хеликоптер

Letališče

аеродром

Stolp

кула

Potnik

путник

Kontejner

контејнер

Karton

картон

Voziček

колица

Košara

корпа

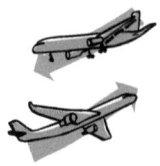

vzleteti / pristati

узлетети / слетети

Mesto

град

Vas

село

Mestno jedro

центар града

Hiša

кућа

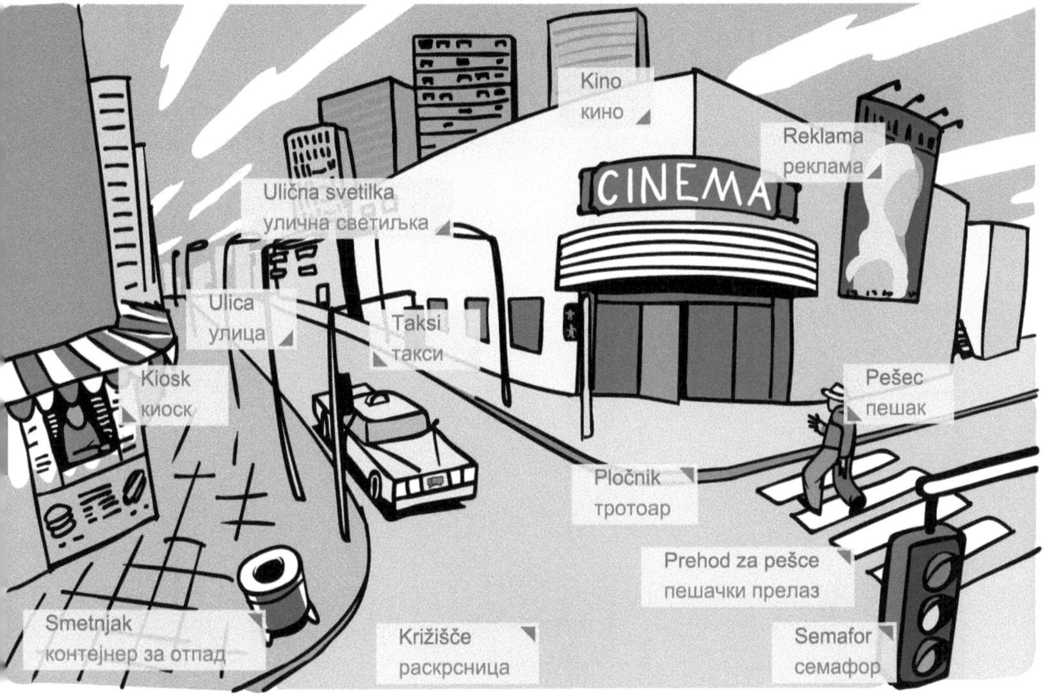

Kino
кино

Reklama
реклама

CINEMA

Ulična svetilka
улична светиљка

Ulica
улица

Taksi
такси

Pešec
пешак

Kiosk
киоск

Pločnik
тротоар

Prehod za pešce
пешачки прелаз

Smetnjak
контејнер за отпад

Križišče
раскрсница

Semafor
семафор

Koča

колиба

Stanovanje

стан

Železniška postaja

железничка станица

Mestna hiša

већница

Muzej

музеј

Šola

школа

Univerza

универзитет

Banka

банка

Bolnišnica

болница

Hotel

хотел

Lekarna

апотека

Pisarna

канцеларија

Knjigarna

књижара

Trgovina

продавница

Cvetličarna

цвећара

Supermarket

супермаркет

Tržnica

трг

Veleblagovnica

робна кућа

Ribarnica

рибарница

Nakupovalno središče

трговачки центар

Pristanišče

лука

Park

парк

Klop

клупа

Most

мост

Stopnice

степенице

Podzemna železnica

подземна железница

Predor

тунел

Avtobusno postajališče

аутобуска станица

Bar

бар

Restavracija

ресторан

Poštni nabiralnik

поштанско сандуче

Ulična tabla

улични знак

Parkirna ura

паркирни аутомат

Živalski vrt

зоолошки врт

Kopališče

базен

Mošeja

џамија

Kmetija

сеоско газдинство

Onesnaževanje

загађење околине

Pokopališče

гробље

Cerkev

црква

Otroško igrišče

игралиште

Tempelj

храм

Pokrajina

пејсаж

List
лист
Kažipot
путоказ
Pot
пут
Travnik
ливада
Kamen
камен
Pohodnik
шетач
Drevo
дрво
Reka
река
Trava
трава
Cvetlica
цвет

Dolina

долина

Hrib

планина

Jezero

језеро

Gozd

шума

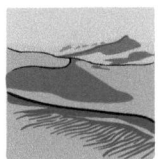

Puščava

пустиња

Vulkan

вулкан

Grad

дворац

Mavrica

дуга

Goba

гљива

Palma

палма

Komar

москито

Muha

мува

Mravlja

мрав

Čebela

пчела

Pajek

паук

Hrošč

буба

Žaba

жаба

Veverica

веверица

Jež

јеж

Zajec

зец

Sova

сова

Ptič

птица

Labod

лабуд

Divji prašič

дивља свиња

Jelen

јелен

Los

лос

Jez

насип

Vetrnica

ветрењача

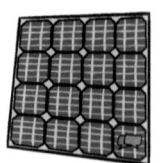

Solarna plošča

соларна плоча

Podnebje

клима

Restavracija
ресторан

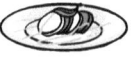

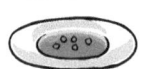

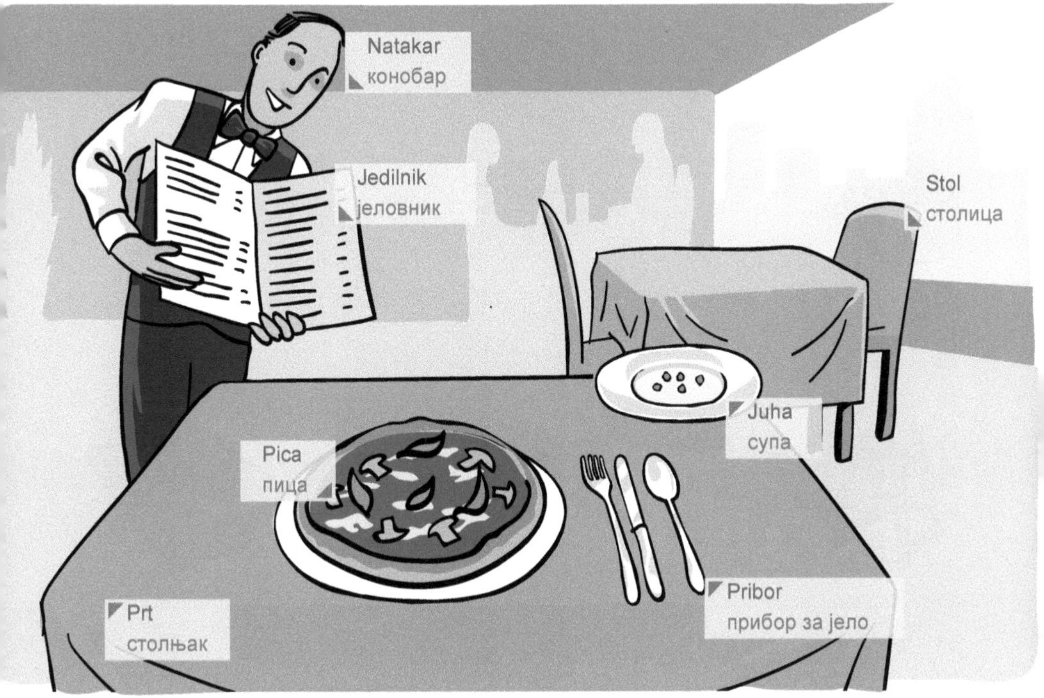
Natakar
конобар
Jedilnik
јеловник
Stol
столица
Juha
супа
Pica
пица
Pribor
прибор за јело
Prt
столњак

Predjed
предјело

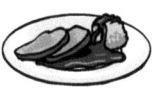

Glavna jed
главно јело

Sladica
десерт

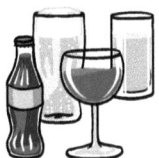

Pijače
напитци

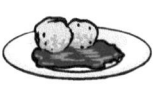

Hrana
јело

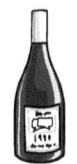

Steklenica
флаша

Hitra hrana

брза храна

Ulična hrana

имбис храна

Čajnik

чајник

Sladkornica

доза за шећер

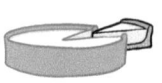

Porcija

порција

Aparat za espresso

апарат за еспресо

Stolček za hranjenje

висока столица

Račun

рачун

Pladenj

послужавник

Nož

нож

Vilica

виљушка

Žlica

кашика

Čajna žlička

чајна кашика

Servieta

салвета

Kozarec

чаша

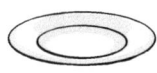

Krožnik

тањир

Globoki krožnik

тањир за супу

Krožniček

тањирић

Omaka

сос

Solnica

сољенка

Mlinček za poper

млин за бибер

Kis

сирће

Olje

уље

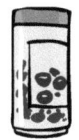

Začimbe

зачини

Kečap

кечап

Gorčica

сенф

Majoneza

мајонеза

Supermarket

супермаркет

Posebna ponudba
понуда
FOR
Stranka
купац
Mlečni izdelki
млечни производи
Sadje
воће
Nakupovalni voziček
колица за куповину

BUTCHERS

Mesnica

месница

BAKERY

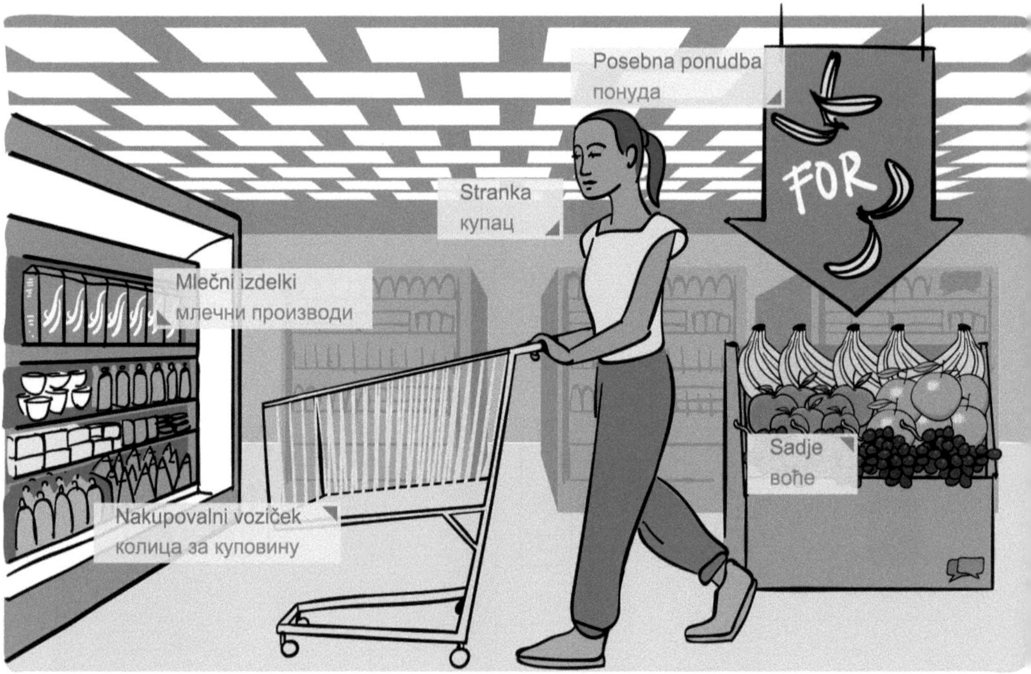

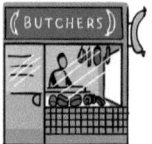

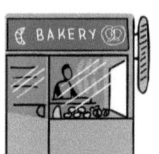

Pekarna

пекара

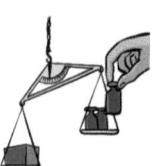

Tehtati

вагати

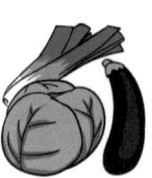

Zelenjava

поврће

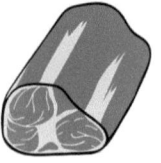

Meso

месо

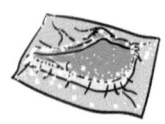

Zamrznjena hrana

смрзнута храна

Hladne mesnine

нарезак

Konzerve

конзерве

Pralni prašek

средство за прање

Sladkarije

слаткиши

Gospodinjski izdelki

артикли за домаћинство

Čistilno sredstvo

средства за чишћење

Prodajalka

продавачица

Blagajna

благајна

Blagajnik

благајник

Nakupovalni seznam

листа за куповину

Delovni čas

време рада

Denarnica

новчаник

Kreditna kartica

кредитна картица

Torba

торба

Plastična vrečka

пластична кеса

Voda

вода

Sok

сок

Mleko

млеко

Kola

кола

Vino

вино

Pivo

пиво

Alkohol

алкохол

Kakav

какао

Čaj

чај

Kava

кава

Espresso

еспресо

Kapučino

капућино

Banana

банана

Jabolko

јабука

Pomaranča

наранџа

Lubenica

лубеница

Limona

лимун

Korenje

шаргарепа

Česen

бели лук

Bambus

бамбус

Čebula

лук

Goba

гљива

Oreščki

орашасти плодови

Rezanci

резанци

Špageti

шпагете

Riž

рижа

Solata

салата

Ocvrt krompirček

помфрит

Pečen krompir

печени крумпир

Pica

пица

Hamburger

хамбургер

Sendvič

сендвич

Zrezek

шницла

Šunka

шунка

Salama

салама

Klobasa

кобасица

Piščanec

кокош

Pečenka

печење

Riba

риба

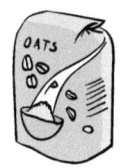

Ovseni kosmiči

зобене пахуљице

Musli

мусли

Koruzni kosmiči

кукурузне пахуљице

Moka

брашно

Rogljiček

кроасан

Žemlja

пециво

Kruh

хлеб

Prepečenec

тоаст

Piškoti

кекси

Maslo

маслац

Skuta

свежи сир

Torta

колач

Jajce

jaje

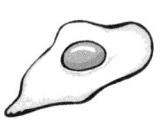

Pečeno jajce na oko

jaje на око

Sir

сир

Sladoled

сладолед

Sladkor

шећер

Med

мед

Marmelada

мармелада

Čokoladni namaz

нугат крема

Kari

кари

Kmetija

сеоско газдинство

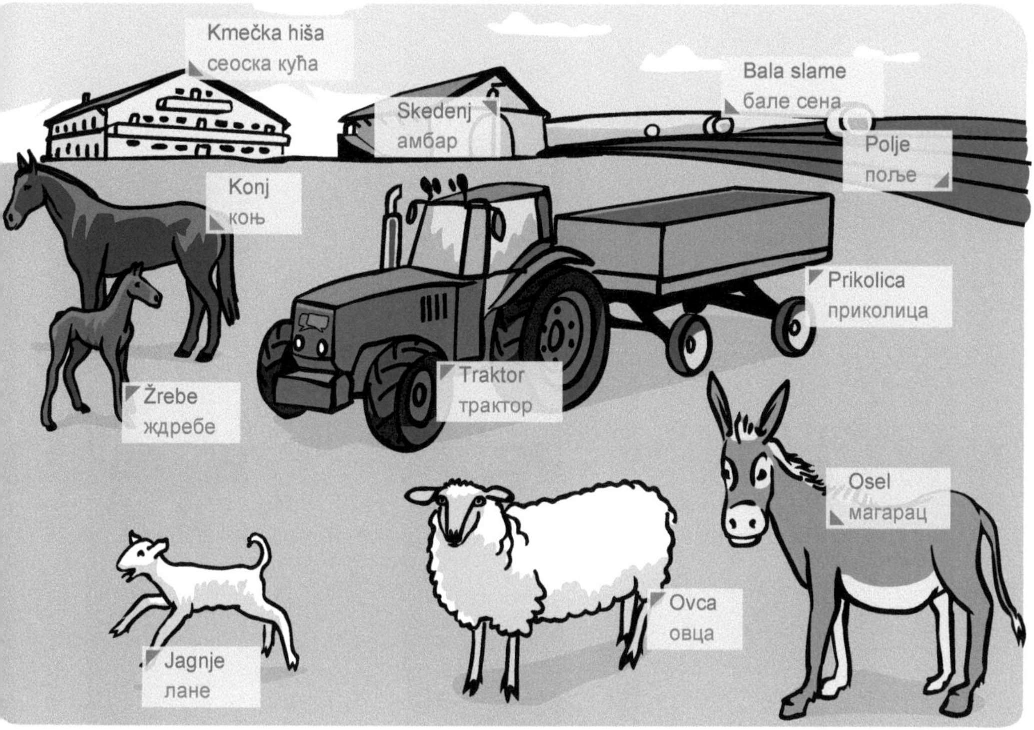

Kmečka hiša
сеоска кућа
Skedenj
амбар
Bala slame
бале сена
Polje
поље
Konj
коњ
Prikolica
приколица
Traktor
трактор
Žrebe
ждребе
Osel
магарац
Ovca
овца
Jagnje
лане

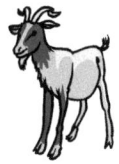

Koza

коза

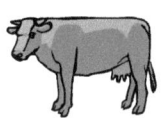

Krava

крава

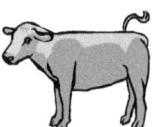

Tele

теле

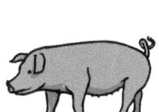

Prašič

свиња

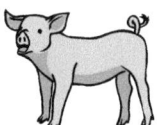

Pujsek

прасе

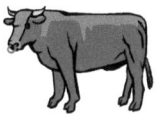

Bik

бик

Gos

гуска

Raca

патка

Piščanec

пилићи

Kokoš

кокош

Petelin

петао

Podgana

пацов

Mačka

мачка

Miš

миш

Vol

вол

Pes

пас

Pasja uta

кућица за пса

Cev za zalivanje

вртно црево

Kangla za zalivanje

канта за поливање

Kosa

коса

Plug

плуг

Srp

срп

Motika

мотика

Vile

виљушка за ђубриво

Sekira

секира

Samokolnica

тачке

Korito

корито

Kangla za mleko

посуда за млеко

Vreča

вређа

Ograja

ограда

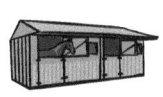

Hlev

штала

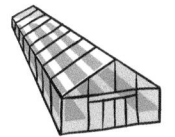

Rastlinjak

стакленик

Prst

земља

Seme

семе

Gnojilo

ђубриво

Kombajn

комбајн

Žeti

жети

Žetev

жетва

Jam

јамс зачин

Pšenica

пшеница

Soja

соја

Krompir

крумпир

Koruza

кукуруз

Oljna ogrščica

уљана репица

Sadno drevo

воћка

Maniok

гомољ маниоке

Žito

житарице

Hiša
кућа

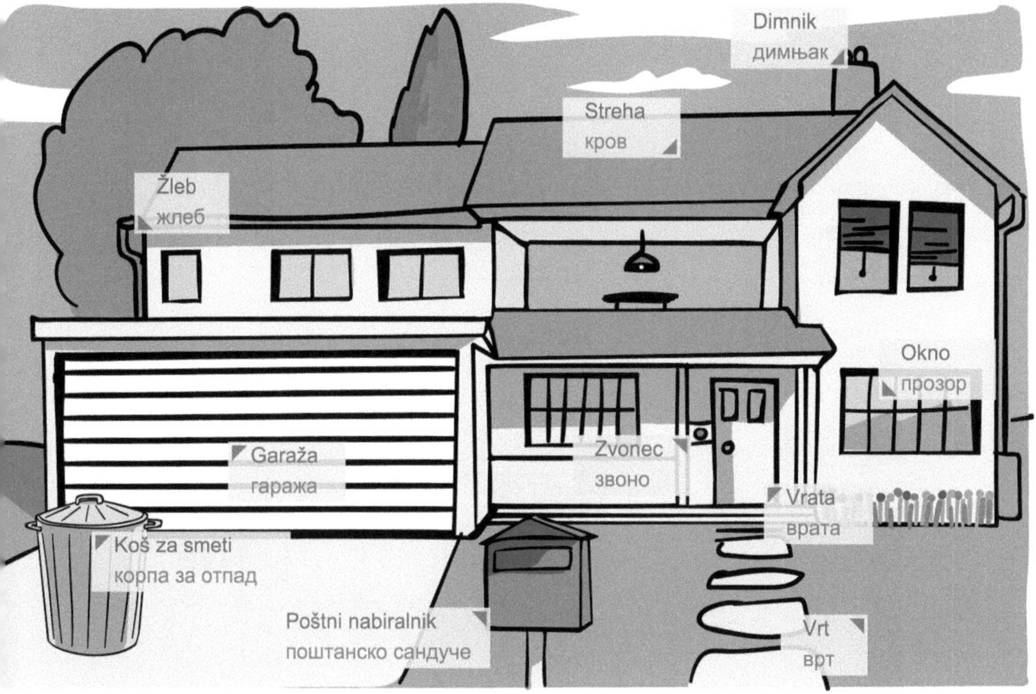
Dimnik
димњак
Streha
кров
Žleb
жлеб
Okno
прозор
Zvonec
звоно
Garaža
гаража
Vrata
врата
Koš za smeti
корпа за отпад
Poštni nabiralnik
поштанско сандуче
Vrt
врт

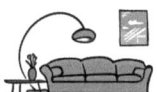

Dnevna soba

дневна соба

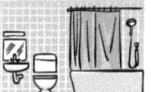

Kopalnica

купаоница

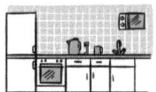

Kuhinja

кухиња

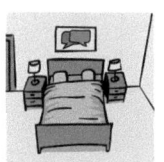

Spalnica

спаваћа соба

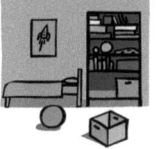

Otroška soba

дечија соба

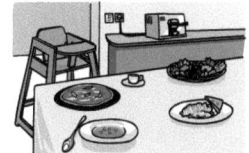

Jedilnica

трпезарија

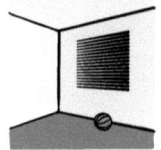

Tla

под

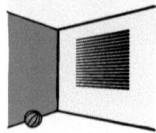

Stena

зид

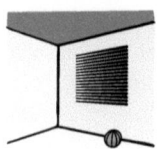

Strop

строп

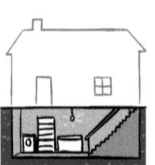

Klet

подрум

Savna

сауна

Balkon

балкон

Terasa

тераса

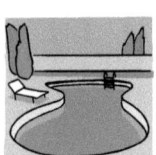

Bazen

базен

Kosilnica

косилица за траву

Rjuha

постељина за кревет

Posteljno pregrinjalo

дека за кревет

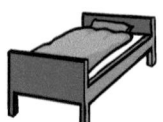

Postelja

кревет

Metla

метла

Vedro

канта

Stikalo

прекидач

Dnevna soba

дневна соба

Tapeta
тапета
Slika
слика
Svetilka
светиљка
Polica
регал
Omara
ормар
Televizor
телевизија
Kamin
камин
Cvetlica
цвет
Blazina
јастук
Zofa
кауч
Vaza
ваза
Daljinski upravljalnik
даљински управљач

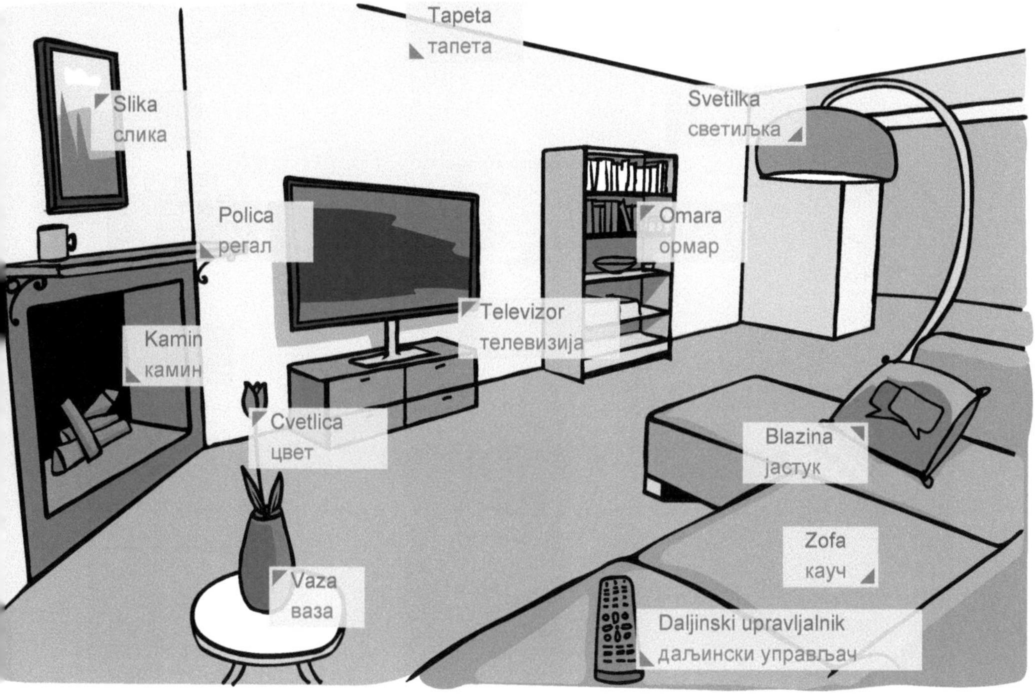

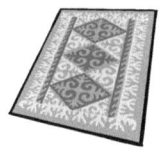

Preproga
тепих

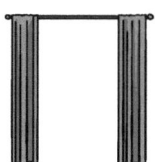

Zavesa
завеса

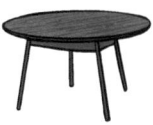

Miza
сто

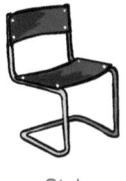

Stol
столица

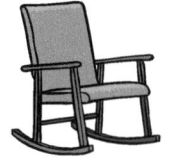

Gugalnik
столица за њихање

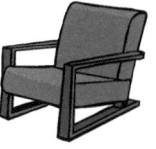

Naslanjač
фотеља

Knjiga

књига

Odeja

дека

Dekoracija

декорација

Drva

дрво за огрев

Film

филм

Glasbeni stolp

хи-фи уређај

Ključ

кључ

Časopis

новине

Slika

слика на платну

Plakat

постер

Radio

радио

Beležka

блок за писање

Sesalnik

усисивач

Kaktus

кактус

Sveča

свећа

Kuhinja

кухиња

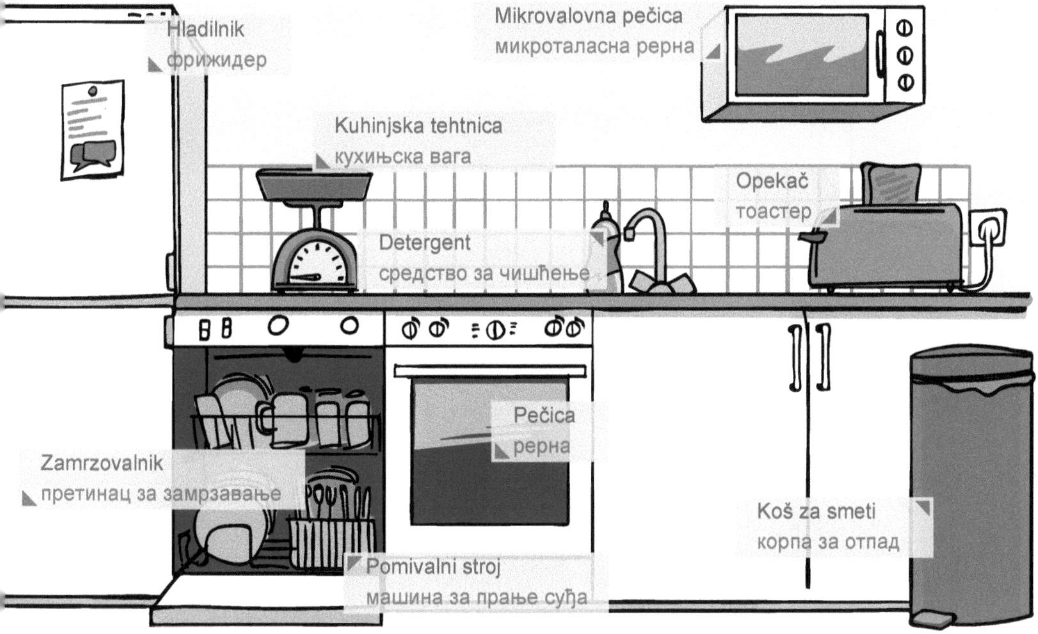

Hladilnik
фрижидер
Mikrovalovna pečica
микроталасна рерна
Kuhinjska tehtnica
кухињска вага
Opekač
тоастер
Detergent
средство за чишћење
Pečica
рерна
Zamrzovalnik
претинац за замрзавање
Koš za smeti
корпа за отпад
Pomivalni stroj
машина за прање суђа

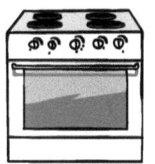

Kozica

шпорет

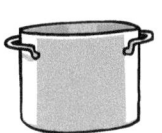

Lonec

лонац

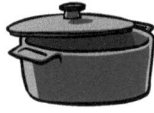

Litoželezni lonec

гвоздени лонац

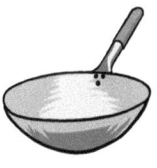

Vok / kadai

вок / кадаи

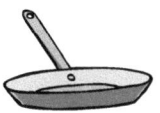

Ponev

тава

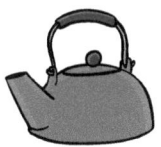

Kotliček

кувало за воду

Parni kuhalnik

кувало на пару

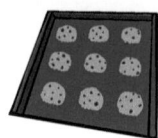

Pekač

лим за печење

Posoda

посуђе

Skodelica

чаша

Skleda

посуда

Jedilne paličice

штапићи за јело

Zajemalka

кутлача

Lopatica

лопатица

Metlica

пењача

Cedilnik

сито за кување

Cedilo

сито

Strgalo

рибеж

Možnar

мужар

Žar

роштиљ

Ognjišče

огњиште

Deska za rezanje

даска

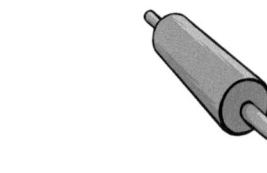

Valjar

оклагија

Odpirač za steklenice

вадичеп

Pločevinka

конзерва

Odpirač za konzerve

отварач конзерви

Prijemalka za posodo

крпа за лонац

Korito

судопер

Ščetka

четка

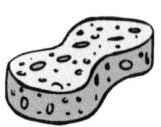

Goba

сунђер

Mešalnik

миксер

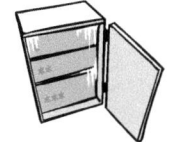

Zamrzovalna skrinja

замрзивач

Steklenička

флашица за бебе

Pipa

славина за воду

Kopalnica
купаоница

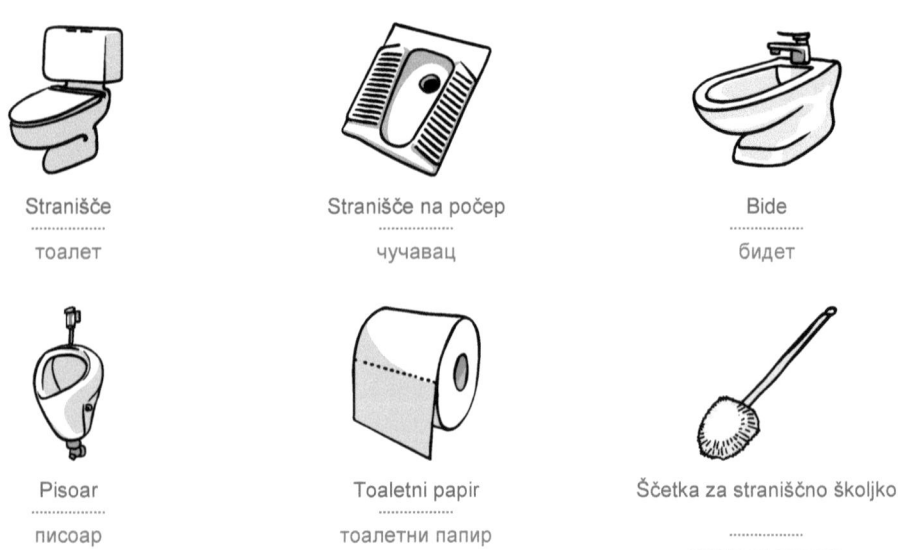

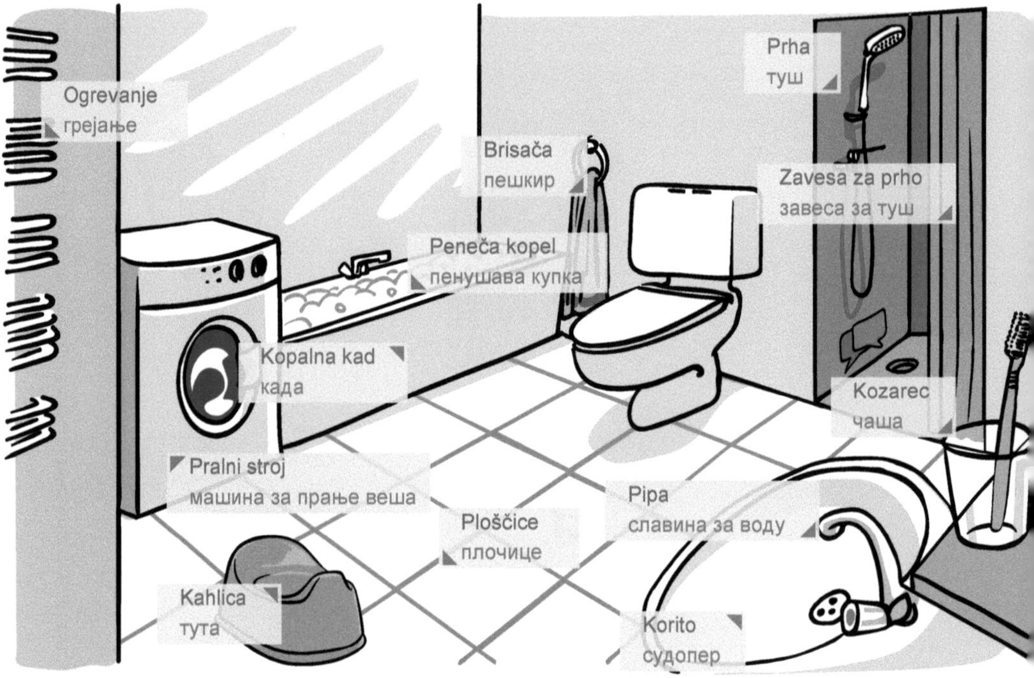

Ogrevanje
грејање
Brisača
пешкир
Prha
туш
Zavesa za prho
завеса за туш
Peneča kopel
пенушава купка
Kopalna kad
када
Kozarec
чаша
Pralni stroj
машина за прање веша
Pipa
славина за воду
Ploščice
плочице
Kahlica
тута
Korito
судопер

Stranišče
....
тоалет

Stranišče na počep
....
чучавац

Bide
....
бидет

Pisoar
....
писоар

Toaletni papir
....
тоалетни папир

Ščetka za straniščno školjko
....
четка за тоалет

Zobna ščetka

четкица за зубе

Zobna pasta

паста за зубе

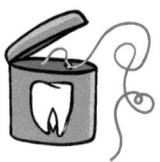

Zobna nitka

конац за зубе

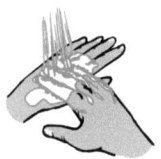

Umiti se

прати

Ročna prha

туш ручица

Prha za intimne dele

туш за прање интимних делова

Umivalnik

лавор

Krtača za hrbet

четка за прање леђа

Milo

сапун

Gel za prhanje

гел за туширање

Šampon

шампон

Krpica za miljenje

крпа за прање

Odtok

одвод

Krema

крема

Deodorant

дезодоранс

Ogledalo

огледало

Ročno ogledalo

козметичко огледало

Britvica

бријач

Pena za britje

пена за бријање

Vodica po britju

лосион за после бријања

Glavnik

чешаљ

Ščetka

четка

Sušilnik za lase

фен за косу

Lak za lase

спреј за косу

Ličila

шминка

Šminka

руж за усне

Lak za nohte

лак за нокте

Vatirane blazinice

вата

Škarjice za nohte

маказе за нокте

Parfum

парфем

Toaletna torbica

козметичка торбица

Stol brez naslonjala

столица

Osebna tehtnica

вага

Kopalni plašč

огртач

Gumijaste rokavice

рукавице за чишћење

Tampon

тампон

Damski vložki

уложак

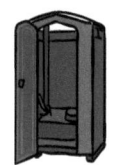

Kemično stranišče

хемијски тоалет

Otroška soba

дечија соба

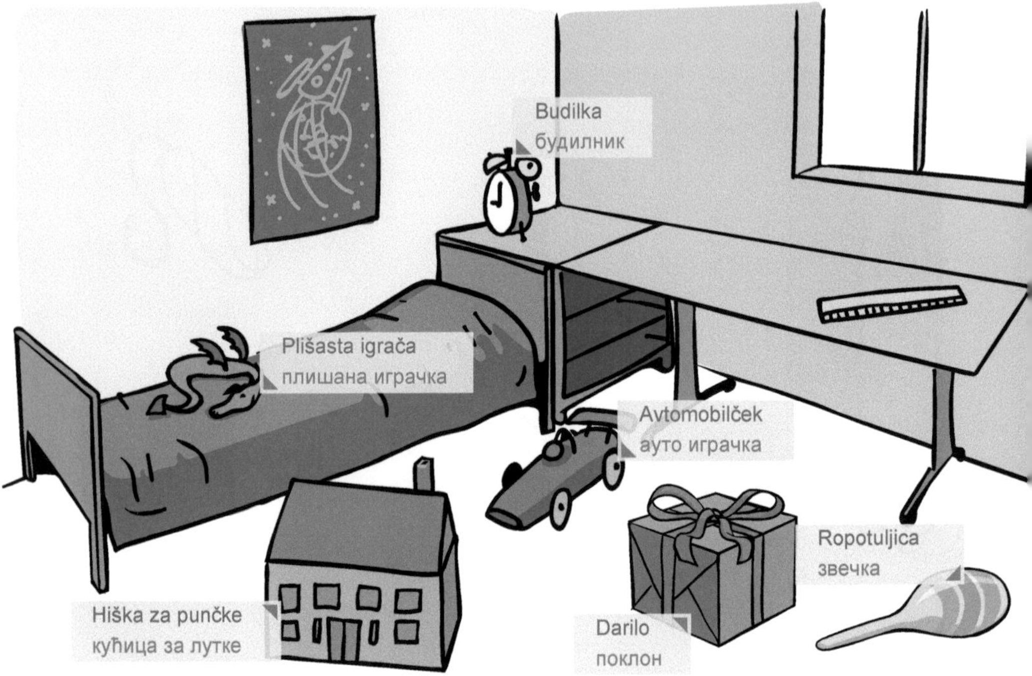

Budilka
будилник
Plišasta igrača
плишана играчка
Avtomobilček
ауто играчка
Ropotuljica
звечка
Hiška za punčke
кућица за лутке
Darilo
поклон

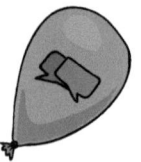

Balon

балон

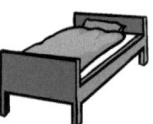

Postelja

кревет

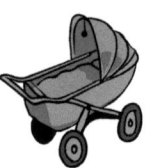

Otroški voziček

дјечија колица

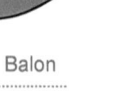

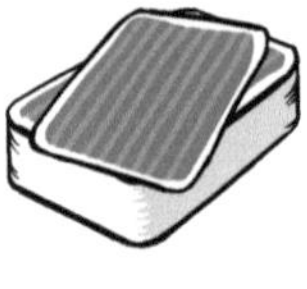

Igralne karte

игра са картама

Sestavljanka

слагалица

SUPER
MEGA

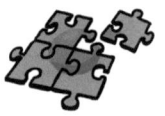

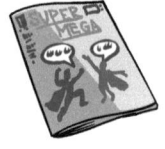

Strip

стрип

Lego kocke

лего коцкице

Igralne kocke

коцкице за слагање

Akcijska figura

акциони јунак

Bodi

бенкица за бебе

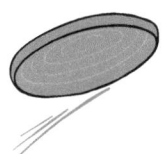

Frizbi

фризби

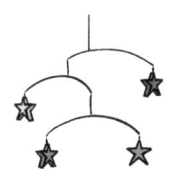

Vrtiljak za posteljico

висеће играчке

Namizna igra

друштвене игре

Kocka

коцка

Komplet modelov vlakov

минијатурна жељезница

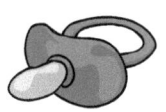

Duda

дуда

Zabava

забава

Slikanica

сликовница

Žoga

лопта

Lutka

лутка

Igrati se

играти

Peskovnik

пешчаник

Gugalnica

љуљачка

Igrače

играчка

Igralna konzola

конзола за игре

Tricikel

трицикл

Plišasti medvedek

теди

Garderoba

ормар

Oblačilo

одећа

Nogavice

кратке чарапе

Samostoječe nogavice

чарапе

Hlačne nogavice

хулахопке

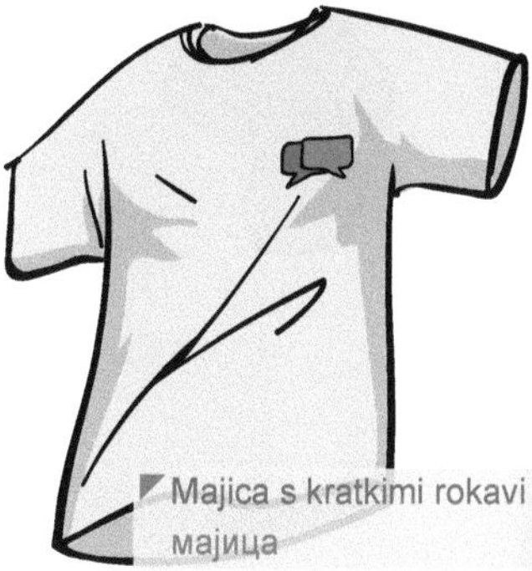

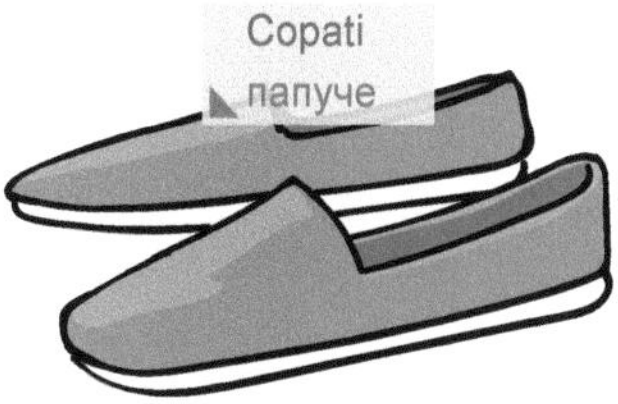

Šal
шал

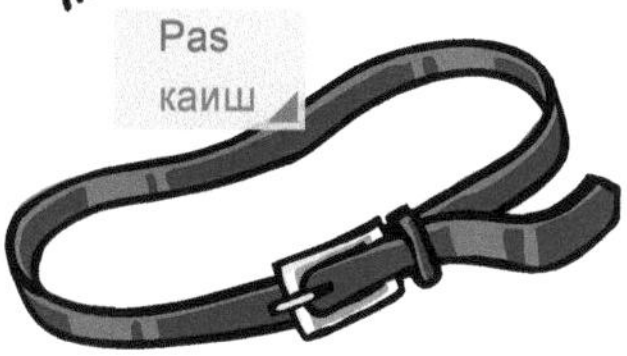

Dežnik
кишобран

Majica s kratkimi rokavi
мајица

Pas
каиш

Škornji
чизме

Copati
папуче

Športni copati
патике

Sandali

················

сандале

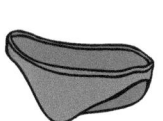

Čevlji

················

ципеле

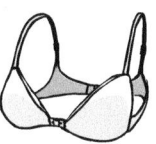

Gumijasti škornji

················

гумене чизме

Spodnje hlače

················

гаћице

Modrček

················

грудњак

Telovnik

················

поткошуља

Bodi

боди

Hlače

панталоне

Kavbojke

фармерке

Krilo

сукња

Bluza

блуза

Srajca

кошуља

Pulover

џемпер

Pletena jopica

џемпер с капуљачом

Jopa

сако

Jakna

јакна

Plašč

мантил

Dežni plašč

кабаница

Kostim

костим

Obleka

хаљина

Poročna obleka

венчаница

Obleka

одело

Spalna srajca

спаваћица

Pižama

пиџама

Sari

сари

Naglavna ruta

марама за главу

Turban

турбан

Burka

бурка

Kaftan

кафтан

Abaja

абаја

Kopalke

купаћи костим

Kopalne hlače

купаће гаћице

Kratke hlače

кратке панталоне

Trenirka

одећа за тренинг

Predpasnik

кецеља

Rokavice

рукавице

Gumb

дугме

Očala

наочаре

Zapestnica

наруквица

Verižica

огрлица

Prstan

прстен

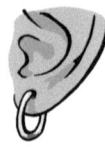

Uhan

наушница

Kapa

капа

Obešalnik

вешалица

Klobuk

шешир

Kravata

кравата

Zadrga

патент затварач

Čelada

кацига

Naramnice

нараменице

Šolska uniforma

школска униформа

Uniforma

униформа

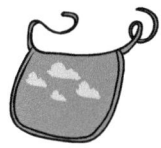

Slinček
подбрадак

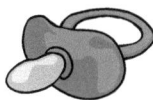

Duda
дуда

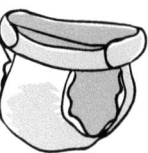

Plenica
пелена

Pisarna
канцеларија

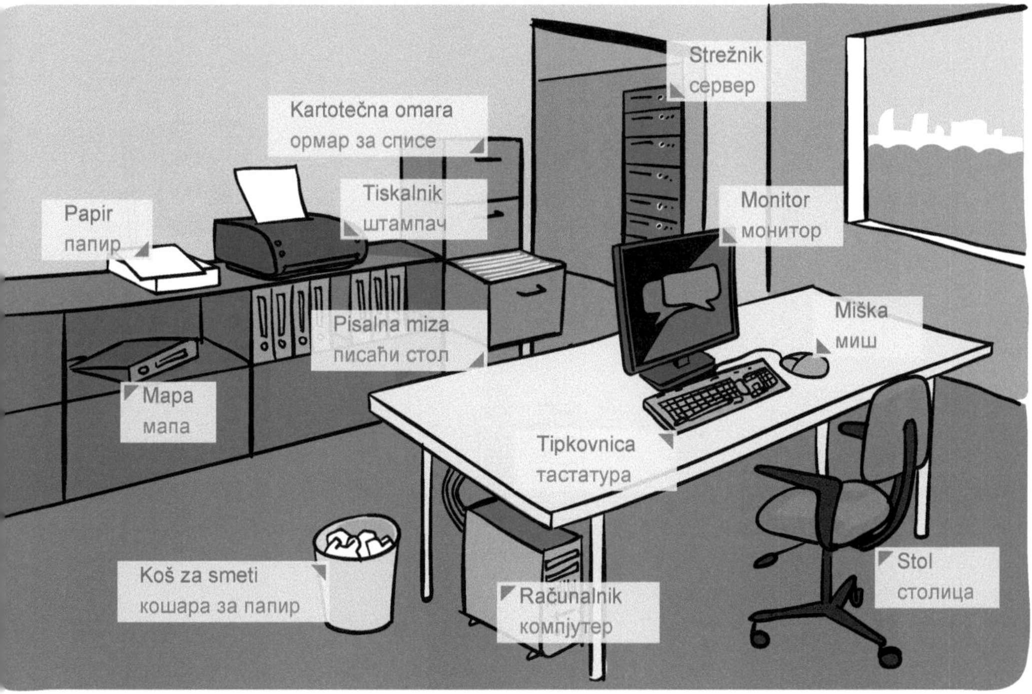

Strežnik
сервер
Kartotečna omara
ормар за списе
Tiskalnik
штампач
Papir
папир
Monitor
монитор
Miška
миш
Pisalna miza
писаћи сто
Mapa
мапа
Tipkovnica
тастатура
Koš za smeti
кошара за папир
Računalnik
компјутер
Stol
столица

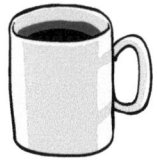

Lonček za kavo
шалица за каву

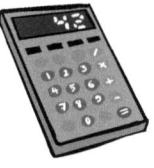

Kalkulator
калкулатор

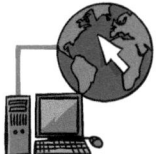

Internet
интернет

Prenosnik

лаптоп

Pismo

писмо

Sporočilo

порука

Mobilnik

мобилни телефон

Omrežje

мрежа

Kopirni stroj

уређај за копирање

Programska oprema

софтвер

Telefon

телефон

Vtičnica

утичница

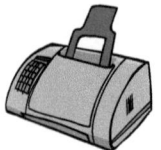

Telefaks

факс

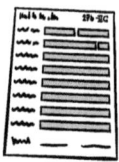

Obrazec

формулар

Dokument

документ

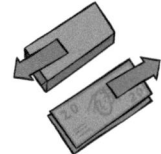

Kupiti

куповати

Plačati

платити

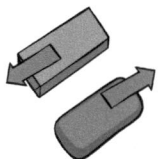

Trgovati

трговати

Denar

новац

Dolar

долар

Evro

евро

Jen

јен

Rubelj

рубља

Švičarski frank

швајцарски франак

Kitajski juan renminbi

ренминдби јуан

Rupija

рупија

Bankomat

аутомат за новац

Menjalnica

мењачница

Zlato

злато

Srebro

сребро

Nafta

нафта

Energija

енергија

Cena

цена

Pogodba

уговор

Davek

порез

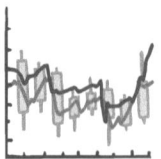

Delnice

деонице

Delati

радити

Delojemalec

службеник

Delodajalec

послодавац

Tovarna

фабрика

Trgovina

продавница

Poklici

занимања

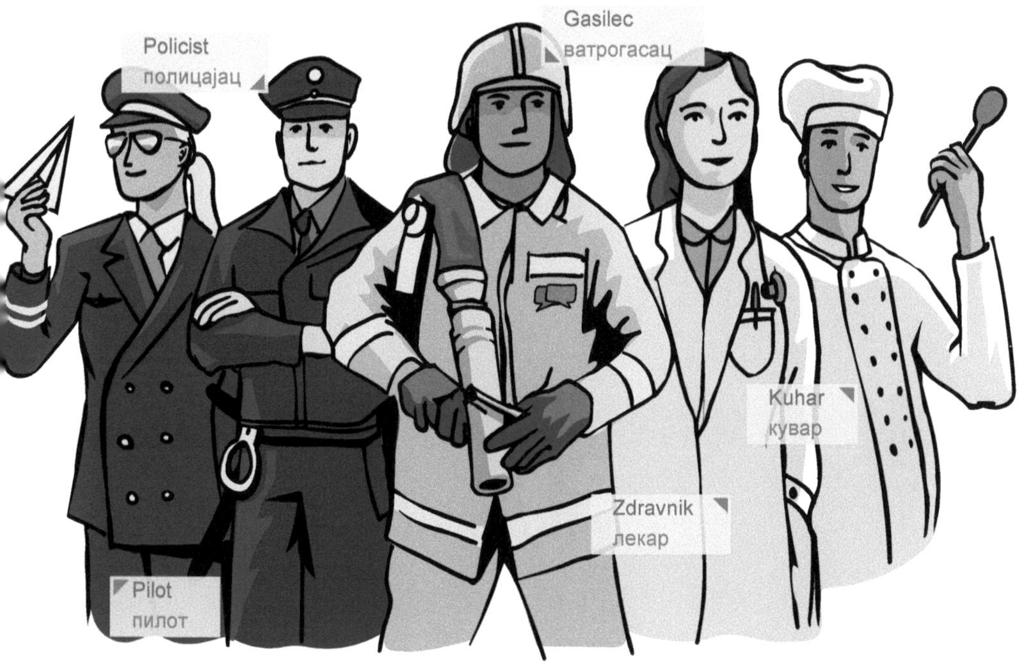
Policist
полицајац
Gasilec
ватрогасац
Kuhar
кувар
Zdravnik
лекар
Pilot
пилот

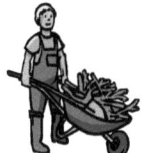

Vrtnar

вртлар

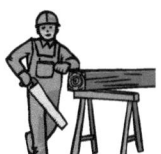

Mizar

столар

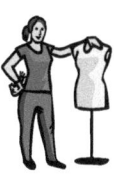

Šivilja

кројачица

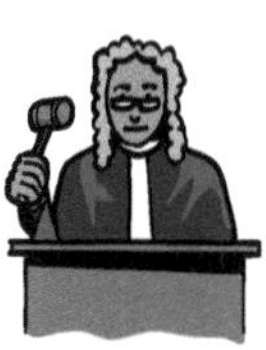

Sodnik

судија

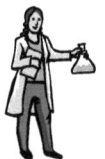

Kemik

хемичар

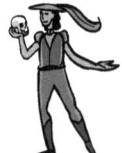

Igralec

глумац

Voznik avtobusa

возач аутобуса

Taksist

возач таксија

Ribič

рибар

Čistilka

чистачица

Krovec

кровопокривач

Natakar

конобар

Lovec

ловац

Pleskar

сликар

Pek

пекар

Električar

електричар

Gradbenik

грађевински радник

Inženir

инжењер

Mesar

месар

Vodovodni inštalater

лимар

Poštar

поштар

Vojak

војник

Arhitekt

архитекта

Blagajnik

благајник

Cvetličar

цвећар

Frizer

фризер

Sprevodnik

кондуктер

Mehanik

механичар

Kapitan

капетан

Zobozdravnik

зубар

Znanstvenik

научник

Rabin

раби

Imam

имам

Menih

монах

Duhovnik

свећеник

Orodje
алати

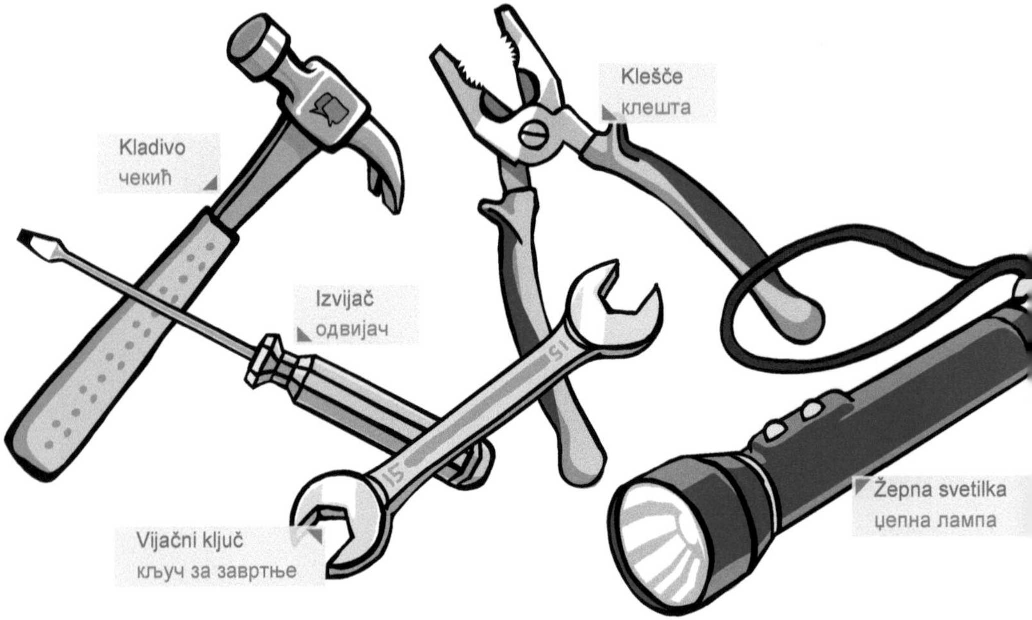
Kladivo
чекић
Klešče
клешта
Izvijač
одвијач
Vijačni ključ
кључ за завртње
Žepna svetilka
џепна лампа

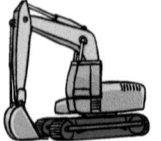

Bager

багер

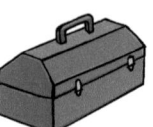

Zaboj z orodjem

кутија за алат

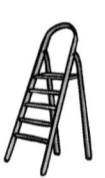

Lestev

мердевине

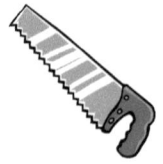

Žaga

пила

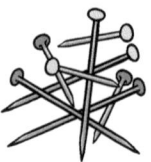

Žeblji

ексер

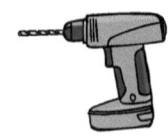

Vrtalnik

бушилица

Popraviti

поправити

Lopata

лопата

Šment!

до ђавола!

Smetišnica

лопатица

Posoda z barvo

лонац за бају

Vijaki

завртањи

Glasbeni instrument
музички инструмент

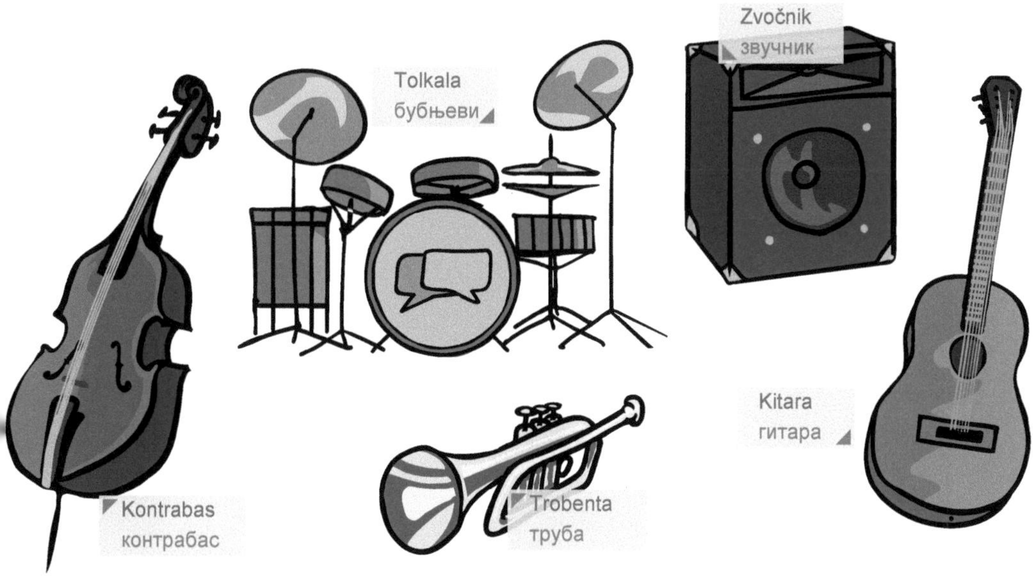

Zvočnik
звучник

Tolkala
бубњеви

Kitara
гитара

Kontrabas
контрабас

Trobenta
труба

Klavir

клавир

Violina

виолина

Bas kitara

бас

Pavke

тимпани

Bobni

удараљке за бубњеве

Sintetizator

типке клавира

Saksofon

саксофон

Flavta

флаута

Mikrofon

микрофон

Živalski vrt

зоолошки врт

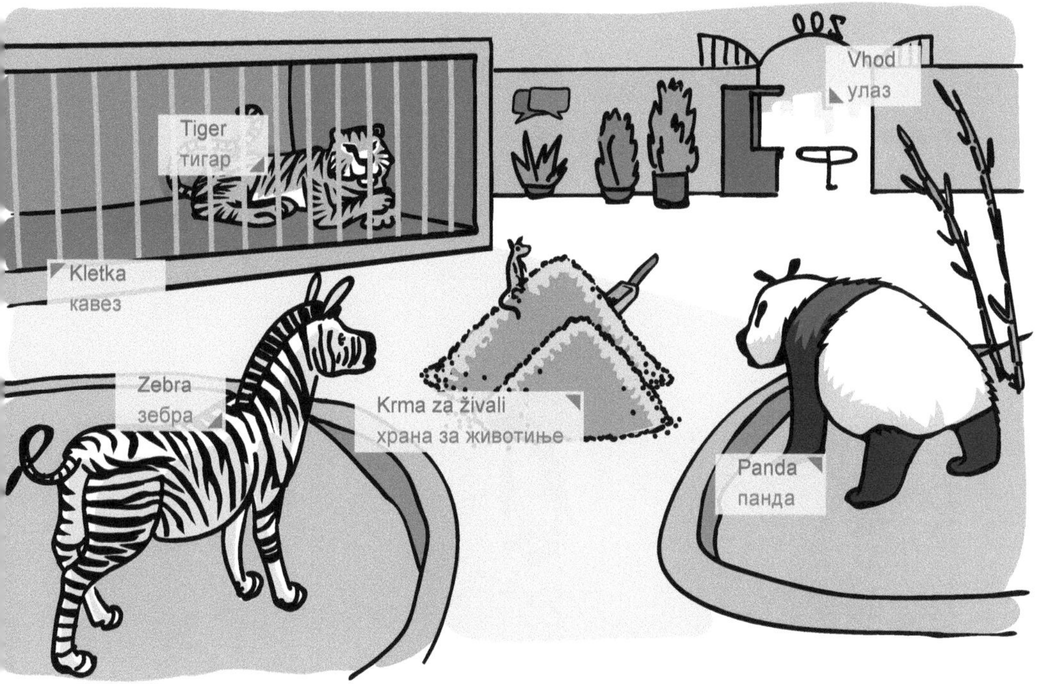

Vhod
улаз
Tiger
тигар
Kletka
кавез
Zebra
зебра
Krma za živali
храна за животиње
Panda
панда

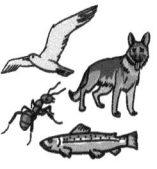

Živali
животиње

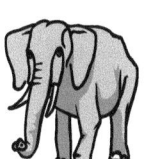

Slon
слон

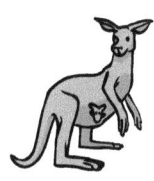

Kenguru
кенгур

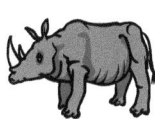

Nosorog
носорог

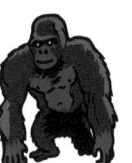

Gorila
горила

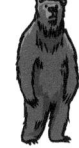

Medved
медвед

Kamela

камила

Noj

нoj

Lev

лав

Opica

мajмyн

Plamenec

фламинго

Papagaj

папагаj

Severni medved

поларни медвед

Pingvin

пингвин

Morski pes

аjкула

Pav

паун

Kača

змиja

Krokodil

крокодил

Oskrbnik v živalskem vrtu

чувар у зоолошком врту

Tjulenj

туљан

Jaguar

jaгуар

Poni

пони

Leopard

леопард

Povodni konj

нилски коњ

Žirafa

жирафа

Orel

орао

Divji prašič

дивља свиња

Riba

риба

Želva

корњача

Mrož

морж

Lisica

лисица

Gazela

газела

Ameriški nogomet
амерички ногомет

Kolesarjenje
бициклизам

Tenis
тенис

Košarka
кошарка

Plavanje
пливање

Boks
бокс

Hokej
хокеј на леду

Nogomet

фудбал

Badminton

бадминтон

Atletika

атлетика

Rokomet

рукомет

Smučanje

скијање

Polo

поло

Dejavnosti
активности

Skočiti
скочити
Objeti
загрлити
Smejati se
смејати се
Hoditi
ићи
Peti
певати
Sanjati
сањати
Moliti
молити се
Poljubiti
пољубити

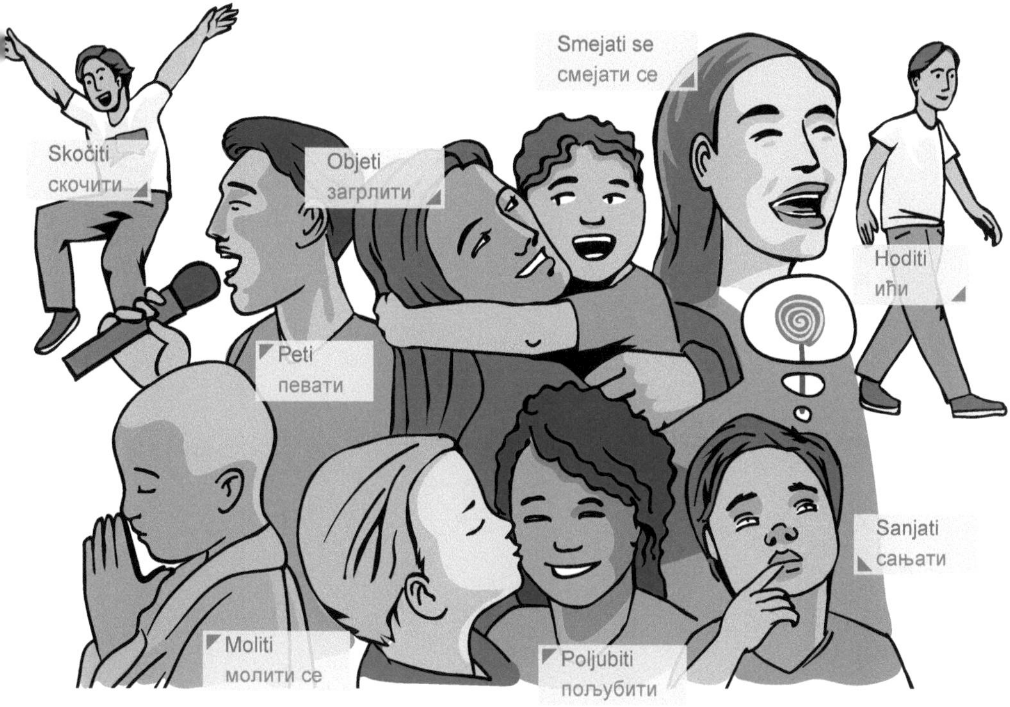

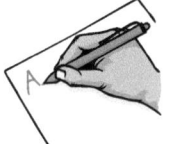

Pisati

писати

Risati

цртати

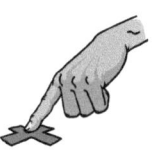

Pokazati

показати

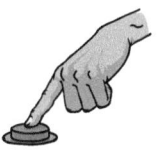

Potisniti

гурати

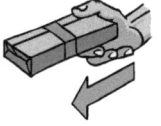

Dati

дати

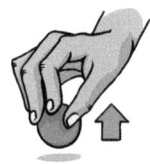

Vzeti

узети

Imeti

имати

Narediti

чинити

Biti

бити

Stati

стојати

Teči

трчати

Vleči

повлачити

Vreči

бацити

Pasti

падати

Ležati

лежати

Čakati

чекати

Nositi

носити

Sedeti

седити

Obleči se

облачити

Spati

спавати

Zbuditi se

пробудити се

Gledati

гледати

Jokati

плакати

Božati

миловати

Česati se

чешљати

Govoriti

говорити

Razumeti

разумети

Vprašati

питати

Poslušati

слушати

Piti

пити

Jesti

јести

Pospraviti

поспремити

Ljubiti

волети

Kuhati

кухати

Voziti

возити

Leteti

летети

Jadrati

пловити

Računanje

рачунати

Brati

читати

Učiti se

учити

Delati

радити

Poročiti se

венчати се

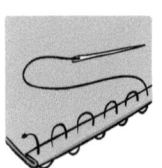

Šivati

шити

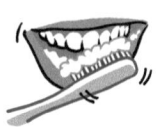

Ščetkati si zobe

прати зубе

Ubiti

убити

Kaditi

пушити

Poslati

послати

Družina

породица

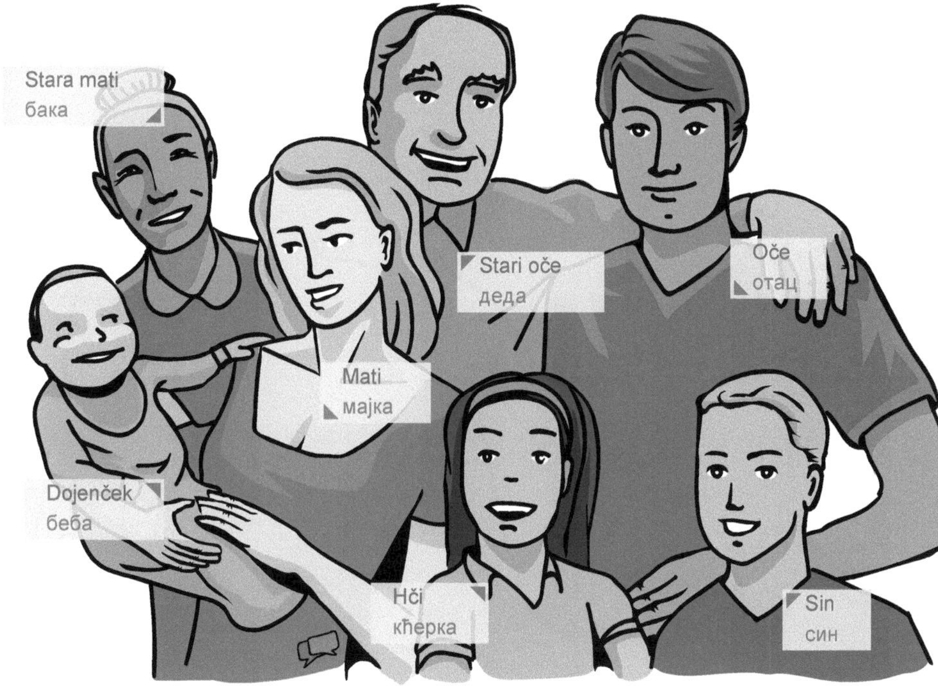

Stara mati
бака
Stari oče
деда
Oče
отац
Mati
мајка
Dojenček
беба
Hči
кћерка
Sin
син

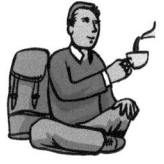

Gost

гост

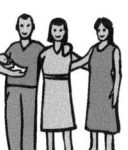

Teta

тетка

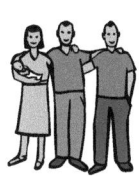

Stric

ујак, стриц

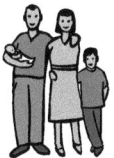

Brat

брат

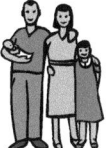

Sestra

сестра

Telo

тело

Čelo
чело
Oko
око
Rama
раме
Prst
прст
Obraz
лице
Brada
брада
Dlan
рука
Noga
нога
Prsi
груди
Roka
рука

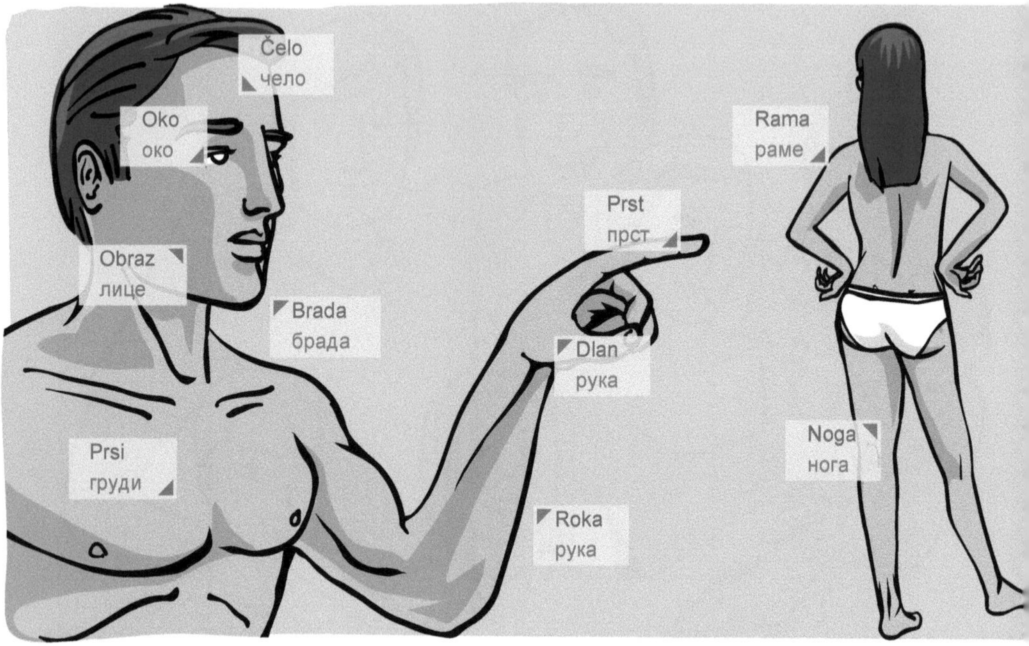

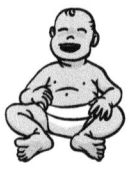

Dojenček

беба

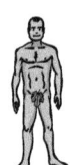

Človek

мушкарац

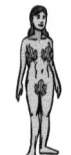

Ženska

жена

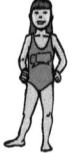

Dekle

девојчица

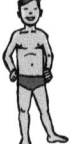

Fant

дечак

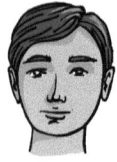

Glava

глава

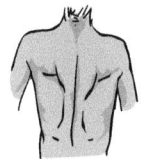

Hrbet

леђа

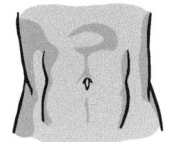

Trebuh

стомак

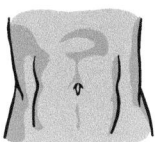

Popek

пупак

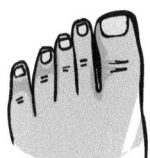

Prst na nogi

ножни прст

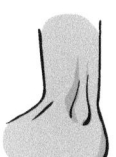

Peta

пета

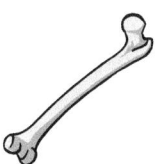

Kost

кост

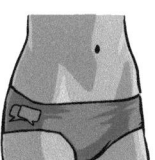

Kolk

кукови

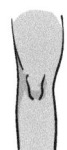

Koleno

колено

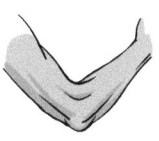

Komolec

лакат

Nos

нос

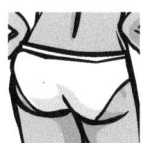

Zadnjica

задњица

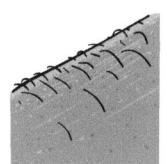

Koža

кожа

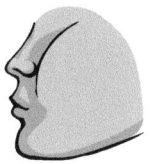

Lice

образ

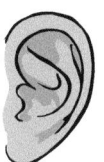

Uho

уво

Ustnica

усна

Usta

уста

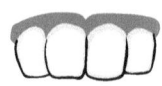

Zob

зуб

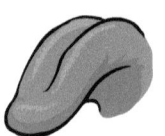

Jezik

језик

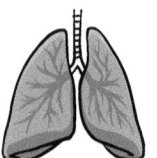

Možgani

мозак

Srce

срце

Mišica

мишић

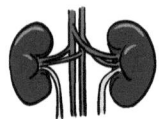

Pljuča

плућа

Jetra

јетра

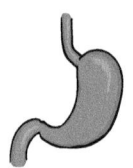

Želodec

желудац

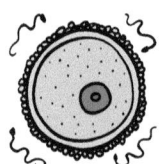

Ledvice

бубрези

Spolni odnos

полни однос

Kondom

кондом

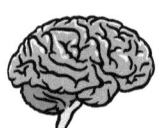

Jajčece

јајна ћелија

Semenska tekočina

сперма

Nosečnost

трудноћа

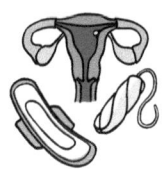

Menstruacija

менструација

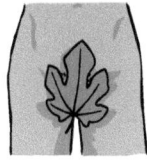

Vagina

вагина

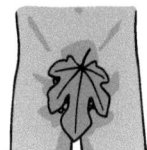

Penis

пенис

Obrv

обрва

Lasje

коса

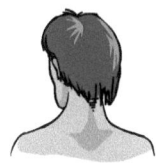

Vrat

врат

Bolnišnica
болница

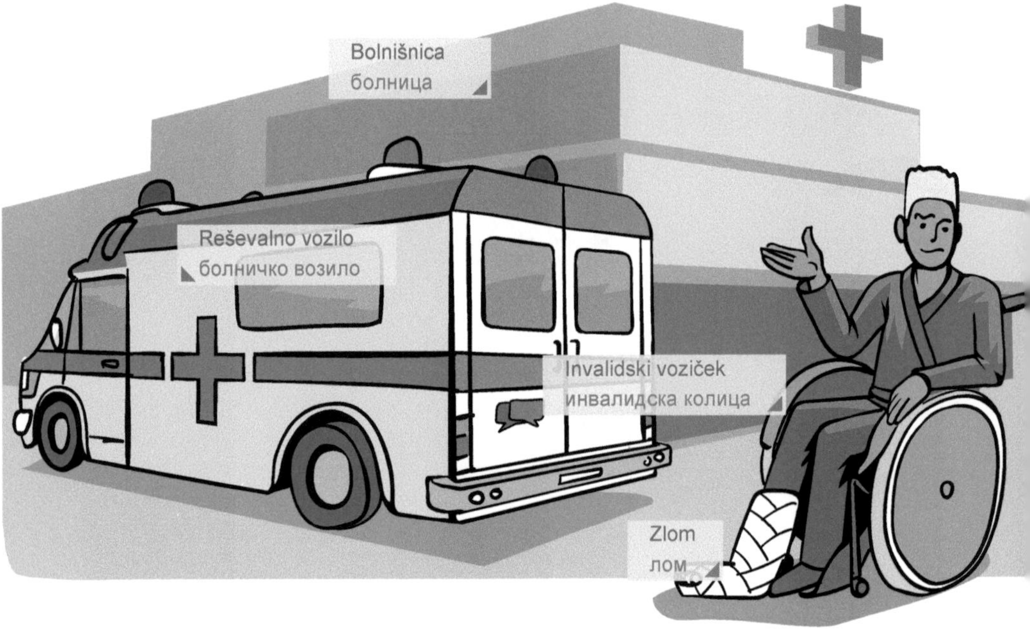

Bolnišnica
болница
Reševalno vozilo
болничко возило
Invalidski voziček
инвалидска колица
Zlom
лом

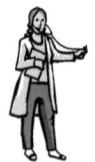

Zdravnik
лекар

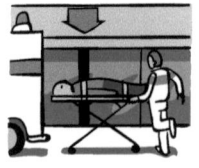

Urgenca
хитна медицинска служба

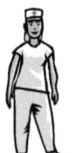

Medicinska sestra
медицинска сестра

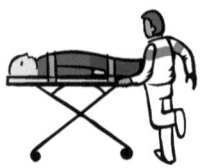

Nujni primer
хитни случај

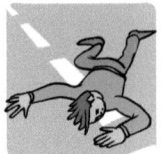

Nezavesten
несвест

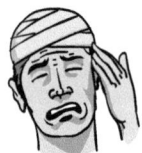

Bolečina
бол

Poškodba

повреда

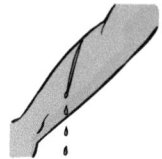

Krvavenje

крварење

Srčni infarkt

срчани удар

Kap

удар

Alergija

алергија

Kašelj

кашаљ

Vročina

грозница

Gripa

грипа

Driska

пролив

Glavobol

главобоља

Rak

рак

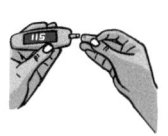

Sladkorna bolezen

дијабетес

Kirurg

хирург

Skalpel

скалпел

Operacija

операција

CT

цт

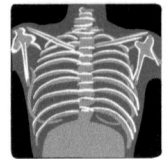

Rentgen

рентген

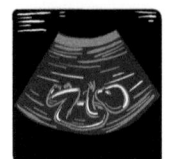

Ultrazvok

ултразвук

Obrazna maska

маска

Bolezen

болест

Čakalnica

чекаона

Bergla

штака

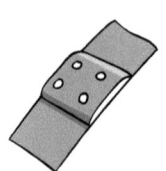

Obliž

фластер

Preveza

завој

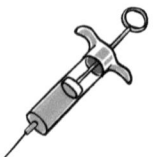

Injekcija

ињекција

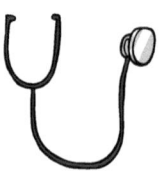

Stetoskop

стетоскоп

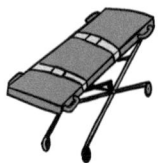

Nosila

носила

Klinični termometer

термометар

Porod

рођење

Prekomerna teža

прекомерна тежина

Slušni pripomoček

слушни апарат

Razkužilo

средство за дезинфекцију

Okužba

инфекција

Virus

вирус

HIV / AIDS

хив / аидс

Medicina

медицина

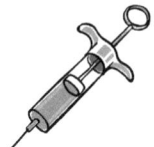

Cepljenje

вакцинација

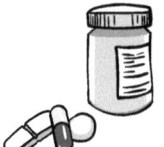

Tablete

таблете

Tableta

пилула

Klic v sili

хитни позив

Merilnik krvnega tlaka

уређај за мерење
притиска

bolano / zdravo

болесно / здраво

Na pomoč!

помоћ!

Alarm

аларм

Napad

насртај

Napad

напад

Nevarnost

опасност

Izhod v sili

излаз у случају нужде

Gori!

пожар!

Gasilni aparat

противпожарни апарат

Nezgoda

незгода

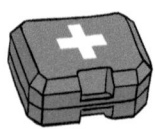

Komplet za prvo pomoč

кутија прве помоћи

SOS

сос

Policija

полиција

Evropa

Европа

Severna Amerika

Северна Америка

Južna Amerika

Јужна Америка

Afrika

Африка

Azija

Азија

Avstralija

Аустралија

Atlantski ocean

Атлантик

Tihi ocean

Пацифик

Indijski ocean

Индијски океан

Južni ocean

Антарктички океан

Arktični ocean

Арктички океан

Severni tečaj

Северни рол

Južni tečaj
....
Јужни рол

Antarktika
....
Антарктик

Zemlja
....
земља

Kopno
....
земља

Morje
....
море

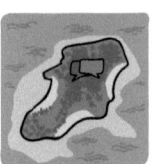

Otok
....
оток

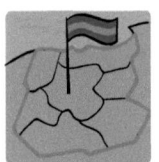

Narod
....
нација

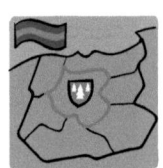

Država
....
држава

Številčnica

бројчаник сата

Urni kazalec

сатна казаљка

Minutni kazalec

минутна казаљка

Sekundni kazalec

секундна казаљка

Koliko je ura?

Колико је сати?

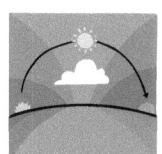

Dan

дан

Čas

време

Zdaj

сада

Digitalna ura

дигитални сат

Minuta

минута

Ura

час

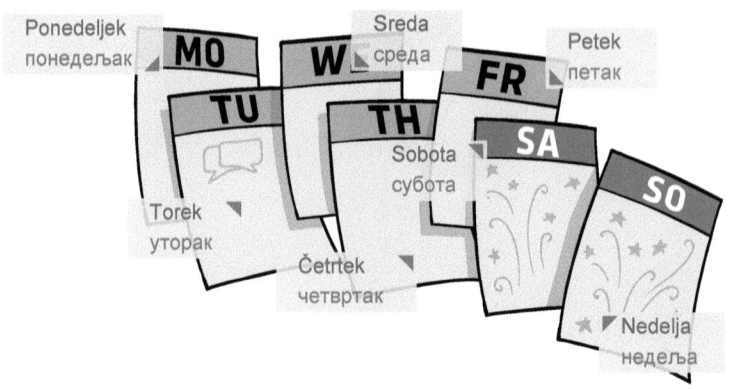

Ponedeljek / понедељак — **MO**
Torek / уторак — **TU**
Sreda / среда — **W**
Četrtek / четвртак — **TH**
Petek / петак — **FR**
Sobota / субота — **SA**
Nedelja / недеља — **SO**

Včeraj
....
јуче

Danes
....
данас

Jutri
....
сутра

Jutro
....
јутро

Poldne
....
подне

Večer
....
вече

Delovni dnevi
....
радни дани

Konec tedna
....
викенд

Leto
година

Dež
киша
Mavrica
дуга
Sneg
снег
Veter
ветар
Pomlad
пролеће
Jesen
јесен
Poletje
лето
Zima
зима

4.APRIL 11°
5.APRIL 4°
6.APRIL 13°
7.APRIL 8°
8.APRIL 10°

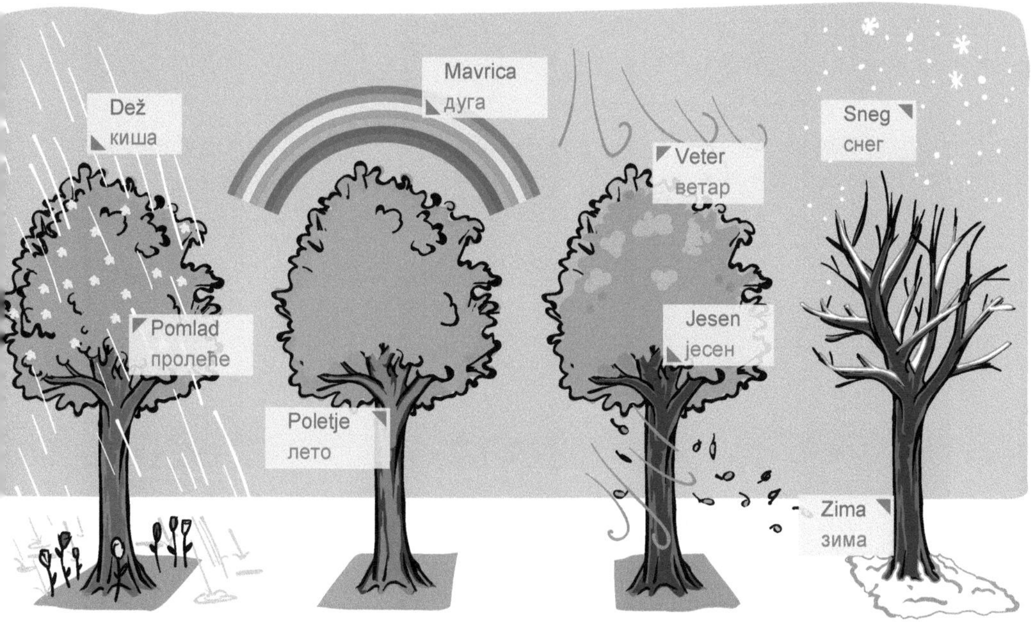

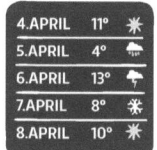

Vremenska napoved

метеоролошка прогноза

F C
120 40
90 30
60 20
30 10
0 0
-30 -10
-20

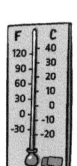

Termometer

термометар

Sončna svetloba

сунчана светлост

Oblak

облак

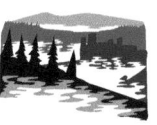

Megla

магла

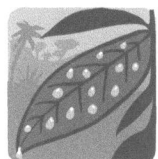

Vlažnost

влажност ваздуха

Strela

муња

Grom

грмљавина

Nevihta

олуја

Toča

туча

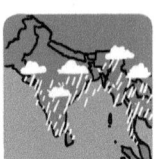

Monsun

монсун

Poplava

поплава

Led

лед

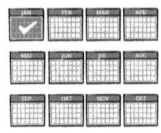

Januar

јануар

Februar

фебруар

Marec

март

April

април

Maj

мај

Junij

јуни

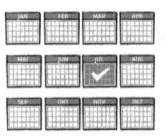

Julij

јули

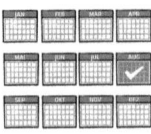

Avgust

август

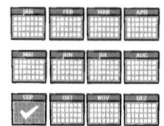

September
....
септембар

Oktober
....
октобар

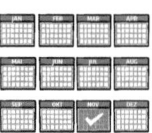

November
....
новембар

December
....
децембар

Oblike
облици

Krogla
....
круг

Kvadrat
....
квадрат

Pravokotnik
....
правоугао

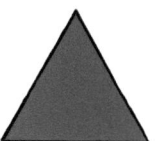

Trikotnik
....
троугао

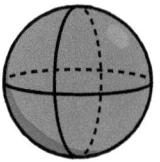

Krogla
....
кугла

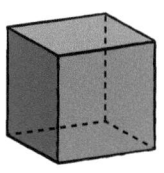

Kocka
....
коцка

Bela

бела

Rumena

жута

Oranžna

наранџаста

Rožnata

ружичаста

Rdeča

црвена

Vijolična

љубичаста

Modra

плава

Zelena

зелена

Rjava

смеђа

Siva

сива

Črna

црна

veliko / malo

много / мало

jezno / umirjeno

љутито / мирно

lepo / grdo

лепо / ружно

začetek / konec

почетак / крај

veliko / majhno

велико / малено

svetlo / temno

светло / тамно

brat / sestra

брат / сестра

čisto / umazano

чисто / прљаво

popolno / nepopolno

потпуно / непотпуно

dan / noč

дан / ноћ

mrtvo / živo

мртво / живо

široko / ozko

широко / уско

užitno / neužitno

јестиво / нејестиво

zlobno / prijazno

зло / добро

vznemirjeno / zdolgočaseno

узбуђено / досадно

debelo / vitko

дебело / мршаво

prvo / zadnje

на почетку / на крају

prijatelj / sovražnik

пријатељ / непријатељ

polno / prazno

пуно / празно

trdo / mehko

тврдо / мекано

težko / lahko

тешко / лагано

lakota / žeja

глад / жеђ

bolano / zdravo

болесно / здраво

nezakonito / zakonito

илегално / легално

pametno / neumno

паметно / глупо

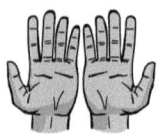

levo / desno

лево / десно

blizu / daleč

близу / далеко

novo / rabljeno

ново / половно

nič / nekaj

ништа / нешто

staro / mlado

старо / младо

vklopljeno / izklopljeno

укључено / искључено

odprto / zaprto

отворено / затворено

tiho / glasno

тихо / гласно

bogato / revno

богато / сиромашно

prav / narobe

тачно / погрешно

grobo / gladko

храпаво / глатко

žalostno / veselo

тужно / сретно

kratko / dolgo

кратко / дуго

počasi / hitro

полако / брзо

mokro / suho

мокро / сухо

toplo / hladno

топло / хладно

vojna / mir

рат / мир

0

Ničla

нула

1

Ena

један

2

Dva

два

3

Tri

три

4

Štiri

четири

5

Pet

пет

6

Šest

шест

7

Sedem

седам

8

Osem

осам

9

Devet

девет

10

Deset

десет

11

Enajst

једанаест

12

Dvanajst

дванаест

13

Trinajst

тринаест

14

Štirinajst

четрнаест

15

Petnajst

петнаест

16

Šestnajst

шестнаест

17

Sedemnajst

седамнаест

18

Osemnajst

осамнаест

19

Devetnajst

деветнаест

20

Dvajset

двадесет

100

Sto

стотину

1.000

Tisoč

хиљаду

1.000.000

Milijon

милион

Angleščina

енглески

Ameriška angleščina

амерички енглески

Mandarinščina

мандарински кинески

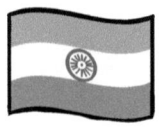

Hindujščina

хиндски

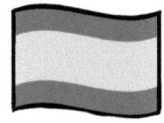

Španščina

шпански

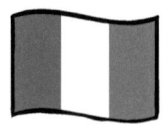

Francoščina

француски

Arabščina

арапски

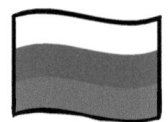

Ruščina

руски

Portugalščina

португалски

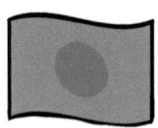

Bengalščina

бенгалски

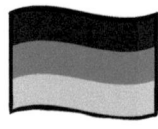

Nemščina

немачки

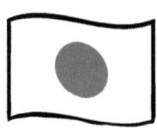

Japonščina

јапански

Jaz

ja

Ti

ти

On / ona / tisto

он / она / оно

Mi

ми

Vi

ви

Oni

они

Kdo?

Ко?

Kaj?

Шта?

Kako?

Како?

Kje?

Где?

Kdaj?

Када?

Ime

име

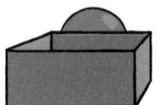

Zadaj

иза

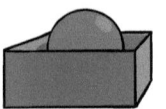

V

у

Pred

испред

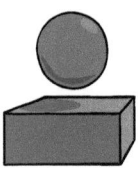

Nad

преко

Na

на

Pod

испод

Poleg

поред

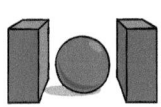

Med

између

Kraj

место